KIDO

ZOZO

ZAZA

Parents' Little Guide

THE BOOK

The book includes: a 22-page story + a picture vocabulary in French and another one in English + two "seek and find Minikrok" games at the beginning and the end of the book.

In the book, the Zazoo speak and respond to each other in French (pink bubbles) and in English (blue bubbles). Your child switches from one language to the other without reading a literal translation. This configuration makes both the book and the learning process more efficient and fun.

At the beginning and the end of the book, your child can try to show and tell where Minikrok (Krok's cuddly toy) is hiding. With the help of the picture vocabulary, s/he can try to say in his/her **target language**: "Minikrok/il est derrière/devant/à côté de/dans/sur le/la/les..." (or "Minikrok/it is behind/in front of/next to/in/on the..."). It's a good way to use the words s/he discovered in the book and locate various objects in his/her target language.

A FEW WORDS OF ADVICE, in accordance with the principles of our learning method

- Don't always let your child read/leaf through the book alone. Take part in the reading process and talk about the stories and illustrations with him/her (even in his/her mother tongue, it's all right for a start!). Reading a book that revolves around the Zazoo should be similar to reading a "regular bedtime story."

- Change the way your child reads the book: aloud, while hiding the dialogue or by trying to guess what the Zazoo are saying.

- Follow the dialogues by listening to the audio version of the book.

- Have fun! For example, looking for the small details in the illustrations may encourage your child to read the book for a second and even a third time. S/he will find it easier to memorise words and sentences.

To download the complementary activity sheets and/or the audio version for free:
1. Go to www.littlebilingues.com/free_materials.html
2. Then click on "DOWNLOAD FOR FREE with the password" for the activity booklet and/or audio version you wish to download.
3. Enter the following password: school10

Picture vocabulary

le tableau

le cartable

le livre

la paire de ciseaux

la colle

le pinceau

la peinture

les crayons de couleur

la gomme

la chaise

le dessin

la trousse

le crayon de papier

la cour de récréation

Petit guide pour les grands

STRUCTURE DU LIVRE

Le livre comprend : une histoire qui se déroule sur 11 doubles-pages + un lexique illustré en anglais et en français + deux jeux "cherche et trouve Minikrok" situés sur les pages de garde.

Dans ce livre, les Zazoo, des animaux bilingues, parlent alternativement en français (bulles roses) et en anglais (bulles bleues). Votre enfant bascule d'une langue à l'autre, sans passer par "la case traduction". Cette configuration rend le livre et l'apprentissage plus stimulants, plus efficaces et moins répétitifs.

Sur les pages de garde, votre enfant peut s'amuser à montrer/dire où se cache Minikrok (facile !), le doudou du petit crocodile. Votre enfant peut s'aider du lexique illustré et vous dire alors dans **sa langue d'apprentissage** : "Minikrok/it is behind/in front of/next to/in/on the..." (ou "Minikrok/il est derrière/devant/à côté de/dans/sur le/la/les..."). C'est un bon moyen pour replacer quelques mots vus dans le livre tout en apprenant à dire où se situent des objets, le tout dans la langue d'apprentissage.

QUELQUES CONSEILS, en accord avec notre méthode d'apprentissage

- Ne laissez pas systématiquement votre enfant lire/feuilleter/regarder le livre tout seul. Participez, discutez des illustrations et de l'histoire avec lui. La lecture du livre est une méthode d'apprentissage mais peut aussi être un moment de partage, semblable à toutes les lectures du soir réalisées avec des albums jeunesse "normaux" ;

- Variez les façons de lire : à voix haute, en cachant le contenu des bulles et en devinant les paroles, etc.

- Suivez les dialogues en écoutant la version audio de l'album ;

- Axez la lecture sur le jeu : par exemple, les petits détails dessinés sur presque chaque page pourront encourager votre enfant à feuilleter une seconde voire une troisième fois le livre.

Pour télécharger gratuitement les activités complémentaires et/ou la version audio :
1. Allez sur www.littlebilingues.com/free_materials_fr.html
2. Puis, cliquez sur "TÉLÉCHARGER avec le mot de passe" pour le livret d'activités et/ou la version audio que vous souhaitez télécharger.
3. Et entrez le mot de passe suivant : school10

Vocabulaire en images

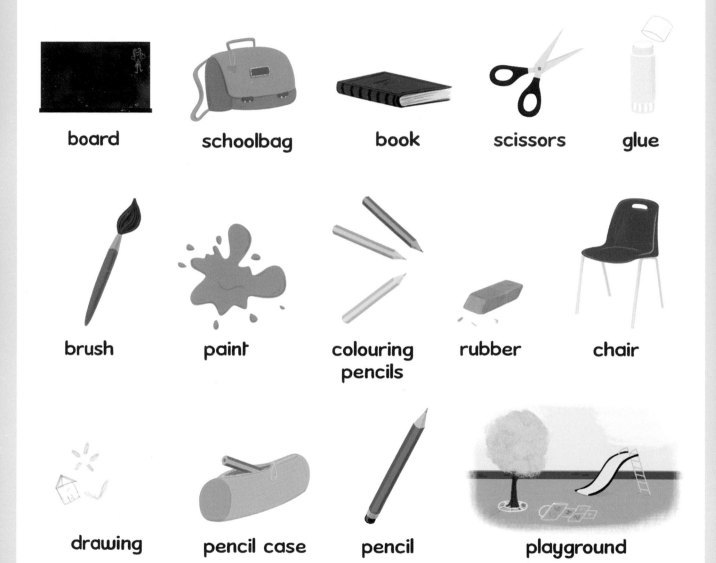

board

schoolbag

book

scissors

glue

brush

paint

colouring
pencils

rubber

chair

drawing

pencil case

pencil

playground

FLUFFY

KROK

TOUDOU

MINIKROK

À Sibyllou, mon millésime miniature,
pour qu'elle ne pleure jamais sur le chemin de l'école

Published by Ornicar publishing
www.ornicarpublishing.com
www.littlebilingues.com

Text & illustrations copyright © Judith Masini, 2014
Colorization: Louise Simon
Proofreading: Nancy Callegari
Printed in the UK
February 2015
ISBN: 978-1-910099-10-0

Publié par Ornicar publishing
www.ornicarpublishing.com
www.littlebilingues.com

Copyright Texte & Illustrations © Judith Masini, 2014
Colorisation : Louise Simon
Relecture : Nancy Callegari
Imprimé au Royaume-Uni
Février 2015
ISBN: 978-1-910099-10-0

the
ZAZOO

We love school! - Vive l'école !

by Judith Masini

OrniCar
publishing

Well done, Zaza.
That's beautiful!

Bravo Zozo,
ton dessin est très...
très joli aussi !

Calm down!

Chacun son tour !

Krok, combien y a-t-il de pommes alors ?

Can I go to the bathroom, please?

Oui Krok, tu peux aller aux toilettes...

Thanks.

HEAD SHOULDERS...

STOP! STOP! BE QUIET!

Aha, I've caught you! You lose!

Mais tu as triché !

Mais bien sûr que non !

All right, enough! The break is over!

Est-ce que tu peux me passer la fille, dans la famille renard ?

No, go fish!

My turn! I would like the Grandpa in the tiger family!

Pioche !

I've finished reading my book. What do we do now?

Chuuuuut ! Je n'ai pas fini mon livre moi !

Je m'ennuie... Maître, que fait-on maintenant ?

I'm bored too... Toudou, what do I do now...? Toudou?